AÑOS DE PEREGRINACIÓN

AÑOS DE PEREGRINACIÓN

XAVIER BETETA

GRAMAXO
Editorial

ISBN: 978-0692831335

Años de Peregrinación
©Xavier Beteta, 2015
© Esta edición: Editorial Gramaxo, 2016
P.O. Box 22333
San Diego, CA 92192

Foto de cubierta: Xavier Beteta

Estos poemas fueron escritos durante un período de once años. El primero data del año 2004 y el último lo escribí en 2015. El orden que siguen es cronológico y en cierta forma documentan la evolución de mi poesía. Son poemas que me han acompañado en mis años fuera de Guatemala y fueron inspirados por lugares, memorias, amigos y personas que conocí durante todo este tiempo. Fue en agosto de 2015, visitando por primera vez la tumba de mi abuelo, cuando sentí que un ciclo había llegado a su fin. Al ver retrospectivamente me di cuenta que todos estos poemas habían sido piedrecitas en un camino de búsqueda o de "peregrinación."

Xavier Beteta

I

De tu centro
de la historia
del vino
del rojo
el ritmo
la hora
un, dos
la sonrisa
te pienso
¿Pregunta?
Siempre
Siempre
Siempre

II

Cabalgué sobre mis manos
paisajes, destinos,
vidas, rostros,
laberintos
agitada la vida
anoche, buscando
hoy, enloqueciendo
decime
¡decime algo!
-sí, siempre
también, también yo.

III

¿Sobre quién pondrá Dios
tristeza
para que al ver tus ojos distantes
no reconozca tu belleza
sino recuerde las gotas de lluvia
como eternos instantes?

IV

La media noche
a cuatro ángulos
la inmensidad abierta
brisa fría
agua, agua, agua

La llaga en el pecho
el miedo: silencio
el negro azulado: terror
un mal pensamiento:
sin regreso, sin regreso eterno

¡Angustia, angustia, angustia!
el corazón solo
con el mismo ritmo agitado de las olas

Cristóbal Colón
levantado y meditando
en una noche de septiembre

V

Cardoza y Aragón:
"La poesía es la única prueba
de la existencia del hombre"

¡Ah! que delicia
versos, palabras, significado
¿Cómo expresar las profundidades?
¿Cómo traducir el aire interno?

El Ser es lenguaje constante
el lenguaje... significado
idea y realidad
y el puente magnificente:
la poesía

El misterio más simple:
Yo no existo
Yo recito.

VI

La última hora
la firma agitada
la rabia
la metralleta interna

El sabor a hiel
la humillación
la injuria
la traición

La reforma
el ejército vendido
la liberación
Eisenhower

Los puños
los dientes
las venas
las lágrimas

Lo sacaron desnudo
era comunista
era un traidor
1954
solo Guatemala.

VII

Tu alma de paredes infinitas
que erige edificios melancólicos
se desangra hoy por tus ojos cafés

Tu mano que dibuja misterios
y tu flauta que toca la vida
te hacen madona

Y vos

Cantas y cantas
con esa voz que viene
del interno laberinto
de tu historia

Me gusta oírte cantar
me recuerda
que tu música es mía,
que hoy tenemos otras vidas,
que somos el barro de América
y que soy argentino.

VIII

¿Escuchaste?
de muy lejos te trajeron el mar
el inmenso mar que cubre los íntimos secretos
y las estrellas del sordo te visitaron

¿Entendiste?
al poeta y sus senderos de otoño
al pintor de voz embriagada
al bailarín desgarrado

¿Viste?
al profeta en el desierto
a Kukulkán en su vuelo
al volcán azulado y despierto

¿Besaste?
al templo de piedra
a la mesa del escritor
a la misma muerte...

¿Saliste?
a recibir al mensajero
que te trajo el fuego

¿Viviste?
(Eterno Silencio)

IX

Música
colores afilados
cascadas que vienen
de mundos lejanos
oscuridad serena

Música
la única que nos ama
que se viste de miel
que conoce la sangre del alma
que trae suspiros de dioses

Música
lluvia de afuera
tormenta de adentro

Música
infranqueable misterio
que habita el tiempo
que no nos deja
que se disfraza de nosotros...

X

El niño lloraba en la banca
buscaba y pedía
encomendaba su alma

Sentado
los ángeles le revelaban
que sus sueños había perdido

Con horror de verse al espejo
la pesadilla llegaba como latigazo
se había convertido
en el *hombre sin cualidades*

Y el niño lloraba en la banca
por el pasado
por la dicha
por la religión perdida

Silencio...
que el niño sigue llorando
y hoy se ahoga para siempre en su llanto

XI

El hermoso viejo
bailaba y soñaba
con aquellos ritmos
entendidos de la sangre

Cantaba y bebía
era un camino nocturno
lleno de bosques indescifrables
lleno del rocío de los Andes

Las corrientes de su bailar
venían de otros ríos inimaginables
tenía la vista milenaria
y la frente de un dios

Se reía endemoniadamente
y en cada callejón imaginaba historias
las vivía y escribía

Hoy, en la soledad
escucho músicas
y sé que en algún lugar
sigue bebiendo,
y coqueteando,
y bailando
con la eternidad

XII

No te conozco
no te preocupa

El pasado se encarga
compartimos la sangre

La atracción se vierte
como vino nuevo

El vino que alegra
el corazón de la mujer

Y que entristece
el espíritu del hombre

Te llevas la mano al pecho
y mi crucifixión es la sentencia

Hablas con devoción
y yo solo miro tu velo

Me tocas transparentemente
y yo solo escucho tu acento

Tu cuerpo es una isla
tu corazón todavía sangra

Solo querías olvidar
yo, recordarte por siempre

Quisiste el beso
y salvarme

Yo preferí la muerte
¡Era un viernes santo!

XIII

Morena a contraluz
como si el mundo
se hubiera apagado
y tu vela, la única luna

Morena
te hicieron de barro
yo los vi trabajar
con sus manos venosas

Morena
de ojos lejanos
de olores de selva
de pies descalzos

Sonríe
por el cielo pasa
el cometa emplumado

XIV

La pianista se llamaba Laura
la visitamos con Marcelo
cuando todavía hacía frío

Vivía en el tercer piso
su apartamento
un laberinto llorando arte

Música
té, malbec,
Especias de oriente,
discos viejos,
cuadros,
muñecas de Rusia

De golpe llega el recuerdo
y veo todo
el apartamento estrecho y ondulado

Un día desapareció
se mudó
tal vez se enamoró

Dejó las ventanas abiertas
y el tocadiscos sonando
como si fuera a regresar

(A lo lejos se oye el piano
pero Laura ya no está…
hay lugares a los cuales nunca se regresa)

XV

¿Qué hijo quedará tuyo?
cuando el sol no brille más
cuando las flores caigan
cuando la carne se haya desvanecido

¿Creas para siempre?
¿Existes en otra fuente?

XVI

Los suspiros son emisarios del tiempo
se nos meten como un rayo
y nos traen luces
de una ciudad triste

No hay necesidad de llorar
bastan los suspiros para desenterrar
las catedrales lúgubres del alma
peregrinos que nos traen los adioses de Adán

Suspiros, emisarios negros
cabalgan como anunciando el fin del siglo
destrozan las serenatas
vienen y van al más allá

El tiempo es un traidor
nada se olvida
suspira la humanidad a una
como una mujer bajo el cielo sin estrellas
peregrinos que nos traen los adioses de Adán

Suspiro, será el último también
en aquella hora
ese último traerá todos los demás
y de un golpe violento
recordarás para siempre
el pecado original.

XVII

En las catedrales lúgubres del alma
se encuentran enterradas
las historias de tus mañanas

Mira a lo alto
bóvedas góticas
viacrucis de los siglos
retablos de tus musas
esculturas de tus ansias

Rezos de los músicos
y el poeta inclinado
llora

¡Santa María!
la virgen no está

Tú, el único sacerdote
levanta la copa
y bebe el destino

XVIII

Extendí el lienzo
como con una premonición
era un piano lúgubre
como aquellos días de lluvia
en el conservatorio

Azul llorando gris
cuantas veces me mojé
en el parque de enfrente
y hoy solo el recuerdo

Se nos permite vivir una vez
y sentir solo una vez
qué triste, que triste es todo
querido amigo Lauro

Y de niño me enamoré
y al no saber su nombre
la llamé: la niña del piano azul
y hoy me viene el recuerdo
con el lienzo entre las manos

La casa colonial del centro
el olor del piano viejo
el sonido desafinado
la sensación de las teclas amarillas

La nostalgia llega en la noche
como angustia desmedida
como sombra desfigurada
regresar, siempre regresar

Adentro de nosotros
habita una historia única
y recordar estando lejos
nos convierte en penitentes

Con la pieza de Händel
que a los once años aprendió
muchos años después
imaginó su muerte
como el niño que siempre fue.

XIX

Gua-te-ma-la
todos los días tu nombre
se repite en mi mente

Y pienso en aquellos
antes que yo
que desterrados vivieron
y como tu nombre
se volvió la ansiedad de cada día

Y pienso en aquellos
que como yo
no ven más tu azul
y si en ellos llamas con tanta insistencia

Gua-te-ma-la
estando lejos
tus cuatro sílabas
son los cuatro puntos cardinales
del universo

XX

¿Cuándo aprendemos a no amar?
cuando de nuestro centro
se eleva el líquido a borbotones
y esa voz que viene de los cuatro puntos
nos ordena exterminarlo
(a eso venimos al mundo, a mentir)

¿Cuándo aprendemos a no querer?
cuando aprendemos a morir
cuando la melancolía caen como telón
y nos envuelve con su negro presentimiento

¿Cómo aprendemos a no amar?
cuando veo tus ojos de cielo
y toco tus labios de seda
y sé que no hay mañana

XXI

Es una despedida
como la última fuga de Bach

Decir adiós
todo es una despedida

Venimos despidiéndonos
desde la primera luz

¿Cómo aprendemos a despedirnos?
decir adiós y decir que no

Sonrisas falsas
lágrimas partidas

Todas las mañanas al despertar
la sensación como manto sobre el pecho

Lágrimas enteras
como si esta herida pudiera sanarse

El vacío del abismo
el vacío del magno universo

Los árboles cantan la nostalgia
la nostalgia primitiva de la creación

Qué triste es regresar
los abrazos no sanan la llaga

La llaga que está ahí
desde el principio del tiempo

Toda la vida es una despedida
como la última fuga de Bach
como la última fuga de Bach

XXII

Un pájaro se suicidó frente a mi balcón
yo lo ví

Emprendió el vuelo con todas sus fuerzas
se estrelló con dignidad contra la ventana

Fue una bomba
se partió con la misma fuerza del *big bang*
los dos eventos tan íntimamente relacionados

Pensaría que el espejo era el cielo
o siempre supo
que la vida es un espejismo
y que hay que estrellarse contra ella
para alcanzar la libertad

Bajé las escaleras corriendo
estaba muerto
yo lo ví

Llamé a mi amigo
y llorando confesé:
la vida es tan trágica.

XXIII

¡El cielo se está quebrando!
¡El cielo se está quebrando!
siento sus pedacitos
en mi piel

Volteo a ver
y veo tus lágrimas
tus grandes y transparentes lágrimas
que abren el abismo de mi alma

Porque las lágrimas son como destinos
llegan sin nosotros quererlo
no llaman a la puerta
se presentan como apariciones
nos hablan de sentimientos más verdaderos
de esos que no se pueden esconder
de esa realidad primordial del otro lado
de la cual tenemos eterna nostalgia

Pedazos de cielo más grandes cubren el horizonte
cierro los ojos
estoy caminando en esa ciudad nocturna
en esa ciudad
en esa ciudad que es tu cuerpo
iluminada con luces tenues
He besado cada calle
conozco tus piedras y tu polvo

la dulce avenida de tu cuello
y el perfume que me vuelve melancólico
todo tu cuerpo es ahora solamente un camino:
el camino del sur

Tú, delicada
Tú, frágil
Tú, etérea
Tú, (mi voz en tu oído)
Tú, mi muñeca de porcelana

Qué triste está la mañana
todo a mi alrededor ha sido destrozado
grandes pedazos de cielo
porque una lágrima tuya
tiene el poder de hacer añicos el cielo,
de hacer temblar los cimientos del mundo,
y de hacerme caer en el infinito.

XXIV

Mi musa maravillosa
mi maravilla de musa
maravillosa musa mía

¿Quién te pintó
en el cielo de mi esperanza?

Vuelas por el firmamento
como si fueras el ángel de la vida

Aterrizas sobre mi balcón
y sonríes pícaramente

Porque de picardía está hecho el mundo
el mundo que rota y rota

Ha rotado tanto que está borracho
el mundo está borracho de tanto amor

Día a día, muertos, destrozos y llantos
pero el mundo está borracho de amor

Y mientras el mundo se embriaga
la musa surca el horizonte
se va a ese atardecer que no se va

Porque de los atardeceres fluye
ese líquido
cristalino y rojo
que llamamos…

Musa Maravillosa
la princesa de todas
mía, mía, mía
y siempre mía

Quédate conmigo
rotemos y rotemos
hasta que el amanecer no venga más
bebamos el arte que es misterio
hagamos de esta noche
la eternidad que nos robó Adán

XXV

Con el tiempo
los suspiros se vuelven más profundos

Largas inhalaciones
como queriendo respirar el mundo entero
como queriendo no dejar escapar
ningún átomo de recuerdo

Hay un cierto temblor también
hay un cierto arqueamiento en los ojos
hay una certera sombra de muerte

Suspiraba Chopin
¿con qué suspiros?
murió tan joven
no de tuberculosis
sino de aspirar profundamente
el mundo que no era suyo

XXVI

Rosas muertas
las compré para ti
rojas y frescas
pero estaban muertas

Se abre mi pecho
con las negras tijeras
las mismas que cortan
las cuerdas del violín
y los pétalos
y los tallos de estas

Rosas muertas
muere todo
sangro por las calles
por esas avenidas
de gente muerta

Alguien que me ayude
a llevar estos cadáveres
alguien que me ayude
a enterrarlos
mis manos están llenas

De rosas muertas
que nacieron muertas
que vivieron muertas
y que hoy se van muertas

Mientras reías
yo escuchaba Mahler,
estaba de luto
porque siempre supe
que estaban muertas
y ahora sangro mucho
de haber soñado la vida

XXVII

La ausencia
llega la ausencia
distancia
grandes distancias
el tiempo
no para el tiempo

Los dos corazones encantados
el encantamiento que envuelve la espera
no se cansan los ojos
de ver el mar
de ver la luna
de ver los días
de ver el aire
de ver la ausencia

Irse para nunca llegar
llegar para siempre irse
estar pero no estar
no estar para siempre estar

Cuanto tiempo
si se pudiera contar con la mente
cuanto cielo
cuanto océano
cuanto llanto

Cuanta distancia
si se pudiera medir con las manos
cuanta vida
cuanta alma
cuanta muerte

La ausencia
un recordatorio
estaremos separados
siempre separados
la muerte que no mediremos nunca

Somos ausentes
en esta vida
y en esta otra
somos ausentes
cuando nos tomamos las manos,
somos ausentes
cuando prometemos,
somos ausentes
cuando nuestros ojos
se detienen en este instante,
somos ausentes
cuando llega lo nuevo,
somos ausentes
cuando perdemos la memoria,
somos ausentes
cuando se pone la última piedra.

Ausencia
íntima esencia.

XXVIII

Lorca se acercó tanto a ese misterio
que casi lo toca
que casi lo atrapa

Efímero
desaparece
vuelve con fuerza
la búsqueda
la sensación
el sutil rocío que fluye desde abajo

Lorca habló del duende:
todo lo que tiene sonidos negros
tiene duende

Misterio
oscuros sonidos
revelación
y misterio otra vez

Hoy lo sé
Liszt también caminó con el duende
en sus años de peregrinación.

XXIX

Caminos falsos
la felicidad se quiebra y se derrama
como diminutas bolitas de mercurio
que en la tierra quedan olvidadas

¡Pero qué importa!

Caminos falsos
el placer del amor
fuego que habita un instante
que se mide sólo con el tiempo de Planck

Caminos falsos
como los cuatro caminos
en la entrada a Xibalbá

Somos nosotros y la ilusión del mundo
caminos falsos
ídolos derribados
faltos de sacralidad

¡Pero qué importa!
lo único sagrado que nos queda
es la muerte

XXX

Frente a la tumba
del abuelo que no conocí
el abuelo misterio
el abuelo olvidado

Tenemos tanto que preguntarnos
toda mi vida
toda su vida

Todos los años de peregrinación
convergen en este punto
aquí termina la búsqueda

Sus cejas que son las mías
su sonrisa que es la mía
su cuerpo que es el mío

Su imponente foto
que está pegada en mi corazón de niño
que está pegada en su tumba
que está pegada en la penumbra de la noche

El me veía todos los días
con sus ojos callados
y hoy nos reencontramos
pero ahora
sus ojos que son los míos
porque de todos sus hijos
yo soy él

Mis años de peregrinación
van a dar a su fuente
mi música viene de su aura
su corazón fue de artista
yo lo sé

¿Qué senderos lo llevarían al vino?
¿Qué aflicciones no tenían sanidad?
¿Qué universos incontenibles se abrían con su armonio?
¿Por qué llamó a la muerte tan joven?

Un torbellino se desencadena
en las fuentes más profundas
la sangre que no se borra
las memorias que van con ella
se desentierran las grandes catedrales
las angustias como cataratas
que viajan en los ríos de nuestra sangre
nos envuelve un llanto de historia
nos cubre la voz de los profetas

La peregrinación
culmina con la visita a la tumba
de este santo que me engendró
que me dio su esencia
y cuya alma teje sonidos indecibles
con la mía.

XXXI

Sentí que había miradas
sentí el bosque
y sentí músicas lejanas
y sentí que yo ya no estaba
y sentí la verdad.

Esta obra se terminó de imprimir en diciembre de 2016